DONATIEN LEVESQUE.

DROITS DES USAGERS DE LA FORÊT DE PAIMPONT.

1893.

8°F

32121

C.

LES
DROITS DES USAGERS

DANS LA FORÊT

DE

PAIMPONT

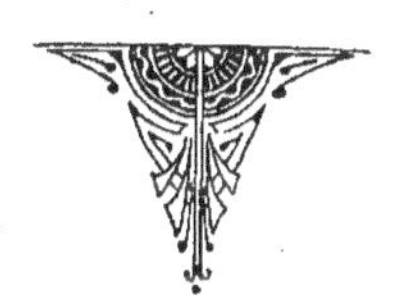

NANTES

IMPRIMERIE MODERNE — DEROUAL. JOUBIN ET Cie

24, Rue du Calvaire, 24

1893

LES
DROITS DES USAGERS

DANS LA FORÊT

DE

PAIMPONT

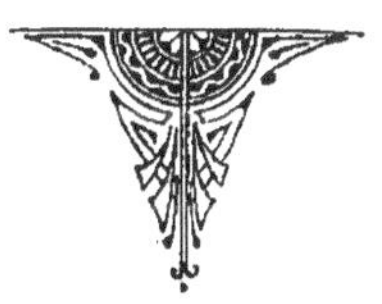

NANTES

IMPRIMERIE MODERNE — DEROUAL. JOUBIN ET Cie

24, Rue du Calvaire, 24

1893

LES DROITS DES USAGERS

DANS LA FORÈT DE PAIMPONT

Puisque tout le monde parle *des droits de la forêt*, il est intéressant de rechercher ce que cela veut dire. Pour y arriver, il convient de connaître :

1º L'origine des droits;

2º La manière dont ils ont toujours été réglementés et exercés.

I

Origine

Les droits d'usage viennent d'une charte ou ordonnance du comte de Laval, donnée le 3o août 1467.

Dans un jugement rendu le 25 août 1864, le tribunal civil de Montfort s'exprime ainsi :

« Attendu que les usagers de Saint-Péran dénient en vain aujourd'hui toute valeur à la charte de 1467, par la raison qu'ils s'en sont fait eux-mêmes un titre dans les précédentes contestations et que, d'ailleurs, par son ancienneté, elle doit être prise en grande considération, surtout en l'absence de tout autre titre :

« Attendu d'ailleurs qu'en mettant de côté complètement cette charte, la position des usagers de Saint-Péran, quant à l'étendue et à l'exercice de leurs droits, n'en serait pas meilleure ;

« Qu'en effet, ne présentant aucun titre qui précise et délimite leur droit d'usage et son exercice, ils seraient, quant à ce, soumis aux lois et prescriptions générales du droit commun ; » . . . . .

. . . .

Donc les droits d'usage viennent de la charte de 1467, octroyée par le comte de Laval.

Ils sont de cinq sortes :

1° Droit de pâturage, de jour et en *saisons convenables*, limité aux seuls animaux des races bovine et chevaline que possèdent les habitants, mais à l'exclusion des animaux de commerce ; à charge d'une redevance de 15 centimes par tête et par an, et pour être exercé dans les cantons défensables et seulement dans ceux pour lesquels les animaux sont inscrits ;

2° Droit à la litière, c'est-à-dire le droit de prendre la fougère, la bruyère, les herbes sèches ou vertes, les ajoncs, les genêts, les feuilles tombées, *en saisons convenables,* en se servant de faucilles, mais sans employer ni râteau ni étreppe, et à *enlever à col seulement,* mais sans pouvoir vendre ;

3° Droit de ramage, limité au droit de prendre, pour la nourriture des mêmes animaux, *en saisons convenables,* et par les mêmes moyens, les branches de houx. sans couper ni la cime ni le pied, et sans pouvoir vendre ;

4° Droit de bois mort, limité au droit de prendre le bois mort, sec et gisant, tombé à terre, par les mêmes moyens de transport, sans employer ni ferrements ni crochets. et sans pouvoir vendre ;

5° Droit au bois de clôture. limité au droit de prendre, *en saisons convenables,* le saule, l'épine, la bourdaine, pour clore les blés et les prises d'héritages, à col et à charrettes, et sans pouvoir vendre.

Pour le comte de Laval le droit de pâturage était considéré comme une source de revenu. Aussi, loin de vouloir écarter les bestiaux de la forêt, il prétendait les y retenir. La preuve en est dans le passage suivant de la charte :

« Il est venu à la connaissance de Monseigneur et à celle des gens de justice, que plusieurs personnes laissent ouverts et sans clôture leurs héritages situés au dehors des forêts, mais contigus à ces forêts, prennent dans ces héritages les bestiaux qui vont au pâturage de la forêt, les y retiennent et ont la prétention d'en percevoir une amende, *ce qui fait que les gens cessent d'inscrire leurs bêtes à la forêt*. Il est ordonné au procureur et aux officiers de Monseigneur de faire assigner ceux ou celles qui feront à l'avenir ces retenues de bestiaux dans leurs héritages ainsi ouverts et déclos et de les faire cesser d'agir ainsi. »

C'est que l'assent, ou prix de l'inscription, était alors un fermage correspondant à la valeur réelle des produits recueillis.

Trois sous payés pour le droit de mettre une vache en forêt il y a 400 ans. sont considérés comme l'équivalent de 14 fr. 50 à notre époque ; et le propriétaire ne veut pas être privé du revenu que lui procure le pacage des vaches en forêt,

L'ordonnance de 1467 donne la liste des personnes qui ont droit d'usage dans la forêt et le détail de ces droits. On y trouve :

L'Évêque de Saint-Malo ;
L'abbé de Montfort ;
L'abbé de Paimpont ;
Le prieur de Saint-Barthélémy-du-Bois ;
Le prieur du Tellouet ;
Le prieur de Saint-Ladre, près Montfort ;
Le prieur de Saint-Jean, près Montfort ;
Le prieur de Saint-Nicolas, près Montfort ;
Le seigneur de Bintin ;
Le seigneur de la Roche ;
Le seigneur des Brieux ;
Le seigneur de Ranlo :
Les communiers des fiefs de Télent, de Castonnet, de la Rivière en Plélan ;

Ces communiers doivent assister aux battues aux loups, fournir les corvées des charrois pour les réparations de Monseigneur et porter les lettres de Monseigneur.

Les usagers de Concoret ;
Le seigneur de Francmont.

Les habitants de Paimpont ne figurent pas sur cette liste.

Il ne peuvent pas prétendre que c'est par oubli, car leur nom est mentionné dans l'ordonnance, mais pas parmi ceux des usagers.

Il pourrait être curieux de rechercher comment

il s'est fait que tous les usagers désignés dans l'ordonnance cédaient, vendaient ou perdaient leurs droits les uns après les autres ; tandis que les habitants de Paimpont et de Saint-Péran en acquéraient à leur tour.

Mais cela n'a pas d'importance.

Aujourd'hui, les droits des habitants de Paimpont et de Saint-Péran ne sont pas contestés.

Il reste à rechercher si M. Levesque est venu troubler une jouissance immémoriale ou s'il a agi comme ses prédécesseurs.

II

Règlementation et Exercice des Droits

Le premier procès qui nous intéresse commença en 1664.

La forêt appartenait alors à MM. d'Andigné et de Farcy qui l'avaient acquise de la duchesse de la Trémoille, en 1663.

Le 12 janvier 1665, il y a par conséquent deux cent vingt-huit ans, le Parlement de Bretagne déclare que les usagers ne peuvent ni panager ni aller *ès lieux dissémés*.

Le 25 octobre 1686, nouvel arrêt confirmant la défense de mener le bétail hors des cantons assignés et *l'interdiction de la garde séparée* dans les cantons même assignés.

Le 12 mars 1710, un autre arrêt du Parlement de Bretagne dit que les habitants ne pourront conduire leur bétail que dans les cantons qui leur auront été désignés et déclarés défensables ; *fait défense aux dits habitants de faire garder leurs bêtes par leurs femmes, enfants ou domestiques...*, ordonne que tous les ans, dans chaque village, il sera nommé un pâtre principal auquel il sera donné autant d'aides qu'il sera nécessaire pour conduire les bestiaux dans les désignations qui leur auront été faites.

Le 19 juillet 1751, l'arrêt du conseil du roi confirme les arrêts du Parlement de Bretagne d'après lesquels *défense est faite aux usagers de faire garder et pâturer leurs bestiaux séparément dans les lieux défensables de la forêt par eux, leurs femmes et domestiques ;* maintient l'obligation de nommer un pâtre principal dans chaque village.

Le roi, en son conseil, ordonne que les termes injurieux répandus dans les requêtes et mémoires des dits habitants seront et demeureront supprimés.

Mais la Révolution arrive, la Monarchie est renversée, la France est en République. Sous le nouveau régime qui abolit les droits des anciens seigneurs, les habitants de Paimpont doivent espérer pouvoir jouir enfin des leurs comme ils les comprennent.

Ils l'essayent.

Mais le 14 fructidor an VII de la République, un arrêté du département d'Ille-et-Vilaine arrête :

« Que les bestiaux ne pourront être conduits que par les chemins et dans les cantons qui seront désignés et déclarés défensables ;

« Que les dits habitants *ne pourront garder ou faire garder leurs bêtes séparément par eux, leurs femmes, enfants ou domestiques ;*

« Que. pour l'exercice des droits, il sera nommé
un pâtre principal dans chaque village auquel il sera
donné autant d'aides qu'il sera nécessaire. »

Le 14 Nivôse an IX de la République, le tribunal
de Montfort rend un jugement dans un procès intenté
par les communes de Paimpont et de Saint-Péran
aux propriétaires de la forêt prévenus d'émigration.

Et malgré cette prévention, et quoique le tribunal déclare que, sur les questions de servitude ou
d'usage, dans le cas de concours de plusieurs titres,
le plus favorable aux communes doit être préféré, le
tribunal ordonne que les dits habitants ne pourront
conduire leurs bêtes que par les chemins et dans les
cantons qui leur seront désignés, et déclarés défensables par l'administration forestière.

Leur fait *défense de faire garder leurs bestiaux
séparément par leurs femmes, enfants ou domestiques.*

Ordonne que, tous les ans, dans chaque village, il
sera nommé un pâtre principal, dont la communauté
de chaque village sera responsable, auquel pâtre il
sera donné autant d'aides qu'il sera nécessaire.

Déboute les habitants de leur réclamation de la
propriété des landes et vagues de la forêt.

Le 12 fructidor an IX de la République, le tribunal d'appel de Rennes confirme les décisions du jugement précédent.

Voilà déjà cent trente ans que cela dure, et il ne

semble pas que les habitants aient réussi à faire valoir leurs prétentions.

Au cours d'un nouveau procès intenté aux propriétaires de la forêt par la commune de Paimpont, M. Nicolle, mandataire des propriétaires, avait déclaré devant le tribunal de Montfort, que le pacage pourrait s'exercer pendant toute l'année dans les tailles déclarées défensables.

Le 23 août 1841, la Cour de Rennes prononce un arrêt où il est dit:

Que cette déclaration ne saurait être opposée aux propriétaires de la forêt ;

Qu'en effet le sieur Nicolle, régisseur de l'usine, n'avait aucun pouvoir pour faire une concession qui affecte la propriété qu'il est chargé de régir ;

Qu'il y a plus, la concession eut-elle été faite dans l'étendue de ses pouvoirs, ne pouvait produire aucun effet en présence de l'article 119 du code forestier qui dispose par mesure d'ordre public, à laquelle on ne peut déroger, *que les droits ne peuvent être exercés, même dans les bois des particuliers, que suivant l'état de possibilité des forêts, reconnu et constaté par l'administration forestière*, sauf recours au conseil de préfecture ;

Déclare *sans effet* à l'égard des propriétaires de la forêt de Paimpont, la déclaration faite par le sieur Nicolle, directeur des Forges de Paimpont, que le pacage pourrait s'exercer pendant toute l'année dans les tailles déclarées défensables.

Le 25 août 1864, un jugement du tribunal civil de Montfort, rendu contre la commune de Saint-Péran, dit :

Qu'en vain les usagers de Saint-Péran ont-ils la prétention d'argumenter de la prescription et de soutenir que l'étendue de leur droit doit être déterminée d'après la manière dont il l'ont exercé pendant 30 ans et plus et même de temps immémorial ;

Qu'en effet deux raisons s'opposent à ce que les droits d'usage dans les forêts puissent s'acquérir par prescription ; la première, c'est qu'au fond ces droits sont, par leur nature, des servitudes discontinues, et conséquemment ne peuvent s'établir que par titres ; la seconde, c'est que les dispositions de la loi susmentionnée, qui restreignent dans leur exercice les droits d'usage dans les forêts, sont des dispositions d'ordre public contre lesquelles nulle prescription n'est admissible et nulles dérogations permises . . .

. . . .

Attendu que si le droit de l'usager doit être respecté, celui du propriétaire doit, en cas de conflit, avoir la préférence, par la raison que la liberté de l'héritage est le principe, et la servitude l'exception.

M. Perron succéda à M. Nicolle, et, quelques années plus tard, M. Duval fut nommé régisseur du Domaine.

C'était un homme très-intelligent et très au courant de toutes les affaires relatives aux droits d'usage.

Il ne pouvait donc pas ignorer l'arrêt de la cour de Rennes du 23 août 1841, lequel avait déclaré :

Que les droits d'usage ne peuvent être exercés, même dans les bois des particuliers, que suivant l'état de possibilité des forêts reconnu et constaté par l'administration forestière.

Néanmoins et malgré les déclarations de l'administration forestière, il laissa les habitants mener leurs bêtes au pacage d'un bout de l'année à l'autre : et. comme il se fit nommer maire et conseiller général, on est porté à croire qu'il agissait ainsi pour obtenir des voix.

En 1874, M. Levesque achète la forêt de Paimpont. Il sait qu'elle est grevée d'un droit d'usage ; mais il n'en connait pas bien l'étendue et surtout ne se doute pas des prétentions des habitants.

En tout cas, il est animé des meilleurs intentions et il est probable qu'il aurait laissé continuer les abus sans demander aucune réforme, s'il n'avait été forcé d'ouvrir les yeux sur la situation rendue intolérable par la façon dont les usagers exprimaient leurs réclamations.

A cette époque, un sous-inspecteur des forêts venait chaque année officiellement dire quelles coupes étant défensables. devaient être livrées aux usagers et quelles coupes. ne l'étant pas. leur seraient refusées.

Il était absolument désintéressé dans la question et sa décision était impartiale.

Or, en 1877, les habitants réclamaient en canton le N° 19 de la 6ᵉ série et quand le sous-inspecteur, M. Georges, vint l'examiner, accompagné de M. Levesque, les habitants, qui l'attendaient sur la route de Gaillarde, lui expliquèrent qu'ils le voulaient, qu'il le leur fallait, qu'ils l'auraient ;

Que d'ailleurs la forêt était à eux et non à M. Levesque ; .

Que les droits de M. Levesque n'étaient rien en comparaison des leurs, que M. Levesque était bien heureux qu'on le supportât à couper du bois. mais qu'il n'avait pas à se mêler d'empêcher le pacage ou l'enlèvement de la litière : bref, qu'il ferait bien mieux de fiche le camp et de retourner à Nantes. d'où il venait, etc..., etc...

M. Georges, impassible, fit son examen et rendit sa décision sans prendre garde à ces paroles ; M. Levesque revint chez lui décidé à tirer la chose au clair.

Pourtant, avant de s'adresser aux tribunaux, il voulut tenter une démarche. et, à une réunion tenue dans la salle de la mairie, il proposa de racheter les droits d'usage grevants sa forêt moyennant 3oo.ooo fr. en argent ou 675 hectares en terre, soit un 10ᵉ de la forêt.

On ne fit même pas à cette proposition l'honneur de la discuter ni d'y répondre.

Aujourd'hui on trouve assez de gens qui prétendent qu'alors ils ont deviné ce qui allait se passer et qu'ils ont conseillé d'écouter et d'accepter les propositions de M. Levesque.

Ce qui allait se passer, ils devaient le prévoir, sachant de père en fils qu'ils abusaient d'un droit qui, ramené à ce qu'il doit être, n'est presque plus rien. Mais personne n'osa élever la voix pour dire d'accepter les propositions du propriétaire et, si les conseillers municipaux eurent le tort de pas même les examiner, il est juste de reconnaître qu'ils étaient poussés par tous les habitants de la commune, décidés à fermer les oreilles pour ne rien entendre et les yeux pour ne pas voir.

Rien ne pouvant donc être obtenu par les voies amiables, l'action judiciaire restait seule ouverte, et, en mai 1878, M. Levesque se voyait forcé d'assigner les maires des deux communes usagères devant le tribunal civil de Montfort, en rachat ou cautionnement de tous les droits d'usage grevant sa forêt.

Les communes usagères soulevèrent la question d'absolue nécessité, c'est-à-dire qu'elles prétendirent que Paimpont et Saint-Péran étaient situés dans un pays de hautes montagnes, que le pâturage était leur seule ressource et que, sans lui, les habitants n'ayant pas d'autre moyen d'existence. seraient obligés de mourir sur place ou de quitter le pays qui les avait vu naître.

Le 30 décembre 1879. l'arrêté du Conseil de préfecture d'Ille-et-Vilaine leur donna raison. Mais il fut réformé, le 11 mai 1883, par l'arrêt du Conseil d'Etat.

Et. pendant que les communes s'amusaient à s'illusionner sur cette question d'absolue nécessité. M. Levesque étudiait le code forestier. dont l'article 72 est ainsi conçu :

« Le troupeau de chaque commune ou section
» devra être conduit par un ou plusieurs pâtres com-
» muns. choisis par l'autorité municipale. *Les habi-
» tants des communes usagères ne pourront ni con-
» duire eux-mêmes ni faire conduire leurs bestiaux à
» garde séparée*, sous peine de 2 fr. d'amende par
» tête de bétail. »

Par « commune ou section de commune ». cela ne veut pas dire que la commune peut être sectionnée ; mais bien que la section de commune, si c'est une partie seule de la commune qui est usagère, ou la commune, si c'est la commune tout entière. doivent former un seul et unique troupeau. C'est une loi générale, une loi comme celle qui nous force à être soldat. à payer des impôts, une loi pour toute la France, qui sauvegarde les propriétés des individus, celles des communes et de l'Etat, et il semble peu probable que pour plaire aux habitants de Paimpont et de Saint-Péran, le Gouvernement lui fasse subir un changement dont l'Etat aurait à supporter le contre-coup dans ses forêts.

Les maires nommèrent alors 400 pâtres pour Paimpont et 50 pour Saint-Péran.

Le 11 mars 1881, le tribunal civil de Montfort les condamna encore une fois, jugeant que pour l'exercice du droit de pâturage, les usagers de Paimpont et de Saint-Péran ne devaient former *qu'un seul et unique troupeau par chaque commune*, dont la garde devait être exclusivement exercée par des pâtres communaux, nommés par l'autorité municipale. Faisant, en outre, *interdiction aux usagers de faire pacager à garde séparée*.

. . . .

Le 13 janvier 1882, le tribunal de Montfort rendait encore un autre jugement ordonnant que : conformément à l'avis des experts nommés par le tribunal, le nombre maximum des pâtres communaux était fixé à 50 pour Paimpont et 5 pour Saint-Péran.

Le 19 décembre 1883, la cour de Rennes confirmait ce jugement.

Mais il restait encore une question fort importante à trancher.

Ce n'était en effet qu'en saisons convenables que devait s'exercer le droit de pâturage. Chaque année, l'agent de l'administration forestière déclarait bien, dans son rapport de défensabilité, que *le pâturage ne devait commencer que le 1er avril pour finir le 1er décembre*. mais les usagers n'en tenaient aucun compte.

M. Levesque dut encore attaquer les deux communes sur cette question.

Le 29 décembre 1881. le tribunal civil de Montfort rendait un jugement qui restreignait la durée du pâturage à huit mois seulement.

Le 20 février 1883. la cour de Rennes rendait à son tour un arrêt condamnant les prétentions des usagers et limitant, en vertu des articles 65 et 79 du code forestier, leur droit de pâture aux époques et à la durée fixées par les agents de l'administration forestière, lesquels les restreignaient à huit mois seulement et en avaient *toujours exclu les mois de décembre, janvier, février, mars*.

Là s'arrête cette longue série de procès, de jugements et d'arrêts qui n'a pas occupé moins de deux cent vingt ans et a successivement mis à néant toutes les prétentions des usagers et empêché leurs abus.